右腦覺醒

5步驟轉化，啟動幸福美好

Nedo Jun／著　陳靖涵／譯

前言

某一天，
思考突然消失了

啊，初次見面，
我是老媽。

好幾年前，
我腦袋裡的思考
突然消失了。

換句話說，
那些有如自言自語，
在我腦子裡
不斷盤旋的思考
徹底消失了。

也就是進入了「開悟」
或是被稱之為
「覺醒」「意識覺醒」
的狀態。

過去的事、
擔心未來、
失敗的經驗、
那個人的八卦、
對這個人的不滿。
焦慮
煩躁
胡思亂想都沒了，
超開心！

真是不好意思啊，
像我這樣少根筋的老媽
居然說出開悟這種話。

思考消失之後，
我一如往常樂天地過生活，
很多人會來問我：
「妳是怎麼做到的？教教我嘛。」
於是我寫了這本書。

沒錯，
的確有「方法」。

雖然在某天
思考突然消失了，
但老媽我完全記得
事情發展成那樣的
變化步驟。

真幸運！

有關意識覺醒後
會發生什麼事的資訊
其實有很多，
不過，關於如何做到的訊息
感覺上有點少。

應該要讓每個人
都有右腦覺醒的機會才對。

思考消失了，
是什麼樣的感覺？
會變得——
超級幸福。
一點壓力也沒有，
內心既安穩又自由，
總之，就是很快樂。
還會發生——

與外在世界無關，
內心充滿了幸福。
不會想起
討厭的事，
可以專注在
自己的目標上。
掌握不了世界
也沒關係。

意識的變化……

不是，
這是宇宙，
歡迎來到合一(Oneness)。

自己的意識
開始默默產生**轉變**。
實際感受到
「靈魂」「萬物都是一個意識體」
「生命彼此相連」等，
這些過去曾經在
某個地方讀過的話。

相信你到時候
一定也會這麼說：

「嗚哇，
原來都是真的……」

當你不是把那些
當作知識去理解，
而是去**實際感受**，
你的人生將會有所改變。

所以，本書的內容是專為那些
想要實際感受思考消失，
並且**想讓自己的意識**
產生轉變的人所寫。
超狂熱的。

但真的有這樣的人嗎？

啊，不要看向其他地方！
就是你，
沒錯，說的就是你！

要不要
挑戰看看啊？

不准逃跑
啊啊啊啊啊！

老媽我都做到了，
你一定也做得到！
但我不會說
這是一件簡單的事。
那麼，
讓我們開始吧。

目錄

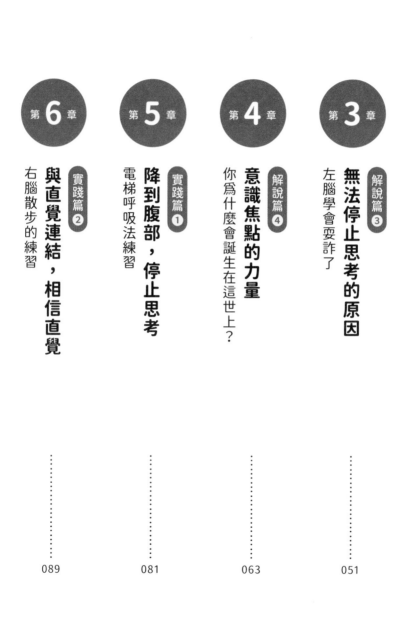

結語

聽見幸福的歌聲

第 1 章

解說篇 ❶

挑戰的開始

爲意識轉變
展開作戰會議

作戰會議

你好啊，我是老媽。

謝謝你沒有逃走，也沒有哈哈大笑，而是躲在電線桿的後面偷看我。

至少能抓到你真是太好了。啊，不對，是我稍微用了點蠻力把你請來的。

既然你人都來了，請下定決心進行挑戰吧！

首先，要來講講到底要做些什麼事。

本書的目的是要讓你實際感受到意識轉變，為此有五個無論如何都必須經歷的步驟。

❶ 停止思考。

←

❷ 相信直覺。

←

❸ 把意識集中在「此時、此地」。

←

❹ 遇到思考試圖回歸時，一定要選擇直覺。

←

❺ 思考會在最後做出強烈的反彈，務必撐過這個階段。

五個步驟指的就是這些，很簡單吧？

你不需要跑去瀑布下打坐，也不用遠渡印度苦行，全都是日常生活中就能做到的事。

畢竟這些都是老媽我在去超市買東西、執行家長會的工作，或是兼職的同時完成的內容。

話說回來，你覺得什麼是意識轉變？是意識突然變得模糊，還是聽到不可思議的聲音，或是經歷神祕的體驗？

這些大致上都對。把試著一一去體驗的想法當成目標好像也不錯。

不過老媽我認為真正令人感到震撼的，是知道**世界在更深層的地方全都連結在一起**，而自己只是那個巨大連結的一部分這件事。

「自己是誰？」這個永恆的問題一旦得出解答，將不再只是詞語或知識，而是能夠透過體驗理解的事。

如果你願意，讓我們往那個方向前進吧。

不論那是怎樣的體驗，一切都要從停止思考開始。

本書1到4章是「解說篇」，介紹了在實踐之前你需要理解的事情，因為要先讓你明白是怎樣的機制引起了那樣的變化。

本書會以切換「大腦」的神經迴路為基礎，依照意識與讓意識運作的老媽流概念往下說明。我想讓你盡可能地用輕鬆愉快的心情去執行，因此後續不會太正經八百，請帶著笑容進行挑戰。

接下來我們要認識一下左腦君，藉此讓你稍微理解停止思考是怎麼一回事。

此外關於前面提到的五個步驟，我在介紹的過程中準備了實踐的練習，畢竟要是突然接到「來，請你把思考消除掉！」的要求，你也會覺得很困擾吧？

如果說有什麼原因是像我這樣的老媽也能夠做到意識轉變，答案就是我在**做任何練習時都不氣餒也不放棄，而是堅持到底、持續去做**。

當然那些對老媽我而言全都是可以實際感受到效果，而且做起來感覺不錯的練習。我認為沒有必要持續去做討厭的事。不過一旦決定要做，就必須認真花心思去嘗試和執行。自己下定決心，然後把它完成，就是這麼簡單！

啊，你現在多少算是被我硬拖來的吧。沒事，別放在心上，我們一起加油吧！

以老媽我的立場來說，非常希望你能體驗看看，所以我準備盡我所能地來引導你。為此請讓我向你介紹在本書登場的人物，接下來要出現的是奇妙的大腦角色。

我第一句想說的話就是——

它們是真的存在喔。

登場人物之1

個體。

老媽。

從外在來看是一個個體，被當作一名人類對待。也是所有意識的容器。

與上班族丈夫和高中生女兒三人一起過著快樂生活的平凡老媽，由於年輕時曾患有身心疾病，對心理療法和精神醫學產生了興趣。

從那之後經過近三十年的自我探索，某天腦中的思考突然消失了。老媽嚇了一跳。本書就是她親自把後續發生的深層意識轉變記錄下來、進行驗證，再經過重新統整後得出的內容。老媽除了參與家長會和社區管委會之外，不隸屬於任何團體，而且持續在做的也只有「自我探索」。

在本書中單純被當作「一名人類」「名為個體的肉身」，而非以作者個人的立場登場。出生於大阪市，居住在千葉縣。

登場人物之 2

我。

意識焦點君。

構成老媽這個個體的意識之一。
我。

這個角色指的就是你，你是意識沒錯吧？

然後你透過肉眼正在閱讀本書，對吧？

你擁有名之為你這個存在的記憶，從小時候起就一直是你自己，對吧？沒有錯，你就是意識焦點君。像你這樣的意識，在這裡被稱為意識焦點君，插圖雖然是老媽的焦點君，但請記住那其實指的是你。

本書的主角是你，這將會成為你的冒險故事，即使意識轉變，你所在的地方從腦袋換到了腹部，你也不會消失。這是以你為中心發展的故事，要體驗變化的也是你，不是嗎？這應該會成為你和好幾個意識齊心協力活出你這個人的故事。

你誕生的原因？你命中注定要做什麼？我想你將會在體驗的過程中遇到形形色色的真相，甚至超越本書所寫的內容。

插圖上的箭頭是用來表現你所擁有的力量，在最後一章我也會介紹使用這個力量實現你夢想的訣竅，請一定要實際使用看看。

登場人物之 3

理性思考。

左腦君。

構成老媽這個個體的意識之一。
思考的意識。

左腦君和意識焦點君一起構成個人意識的存在。

它透過語言負責思考。

左腦君在本書中**被視為「可怕的最終頭目」**（在故事最後登場的強敵），**但之後會以優秀夥伴的身分大顯身手**，是可靠的意識存在。

左腦君是為了在人類社會中生存所特化出來的意識，擅長領域是人工的事物、有名字的事物、社會的規則、時間管理、人類之間的溝通等。

不擅長把注意力集中在「此時、此地」，但**善於思考過去和未來**。

登場人物之 4

感性直覺。

右腦君。

構成老媽這個個體的意識之一。
直覺的意識。

右腦君是擁有你兒時樣貌的神奇意識。

它負責直覺。

右腦君雖然是構成你意識的一部分，但很有可能也是更高次元意識的一部分。右腦君幾乎不會使用語言，而是利用突然浮現的圖像或歌曲的歌詞、不經意看到的照片、書上的一個段落、網頁等，把訊息隱含在眼睛注意到的內容來取代語言，需要掌握訣竅才能順利地與它溝通。**右腦君在你的內部活化後，會讓你看見許多人生的奇蹟**。

右腦君就如同它看起來很年幼的形象，**喜歡像個孩子般玩耍，經常待在「此時、此地」，在幸福的狀態下露出微笑**。在我們挑戰要讓思考消失時，右腦君會帶給我們強大的助力。

第 2 章

解說篇 ❷

沒有未來，也沒有過去

思考消失了，還能正常生活嗎？

意識的神奇人物登場

來，登場人物全部出列。

老媽（所有意識的容器）
意識焦點君
左腦君
右腦君

神奇的人物登場了。

其實我本來想讓更多人物登場，但最後決定先讓一名人類和三名意識登場就好。意思是有三名意識存在於一名叫作老媽的人類體內。

這不是所謂的多重人格，老媽我稱之為「功能意識」，是擁有「思考功能」的意識，以及擁有「直覺功能」的意識。

要讓別人理解思考消失，腦中處於什麼都沒有的狀態是一件很困難的事，如果再提出意識有三種之類的話題，又會把事情變得更複雜。因此思考消失之後，我甚至過了好幾年都沒有告訴家人這件事，直到在寫這本書時才第一次和我先生提起。

「嗯嗯，我雖然聽不太懂，但妳也很不容易呢！」

我先生似乎只理解了大概的意思。確實是不容易啊，孩子的爸，儘管生活變得輕鬆愉快，但是要和人解釋會超級麻煩，謝謝你願意聽我說明。

老媽與功能意識・左腦君

現在老媽我的腦袋裡，不存在藉由語言流進來的思考，思考這件事本身幾乎不會發生。不管我在做什麼，都有辦法在下個瞬間完全回到「此時、此刻」。我一直在這個狀態，彷彿在深度靜心中過生活。

變成這樣之後，老媽我的意識完全都在「此時、此刻」，也就意味著我的意識裡面沒有未來的預定和過去發生的事情。**我不再為未來擔憂，也不會為過去煩惱**，但我也沒辦法管理行程。當然重要的約定我還是會記錄下來加以管理，此外仍會有其他的小約定或不得不記住的事情啊。

負責處理這些事情的正是左腦君，它的存在有如畫面上雖然看不到，卻會在背後管理行程的應用程式。

不久前就發生了這麼一件事情。

稅金、稅金！

老媽我在做家事的時候，腦中忽然冒出「稅金、稅金！」這句語氣強烈的話語。由於這句話實在出現得太過突然，還和我前後做的家事沒有任何關聯，我停下手邊的事，試著把注意力集中在那句話上面，卻一點頭緒都沒有。

接下來，信封的影像出現在我的腦海，這時我終於「啊」了一聲，想起來是怎麼回事。

很久之前我收到過一封通知繳納縣民稅（注：千葉縣住民稅）的信，我瞄了一眼之後就把它放到了桌子上。

糟糕，說不定已經超過繳納期限了，我那時沒有仔細確認期限到什麼時候。我慌忙把信找出來確認，發現繳納的期限剛好是隔天，也就是說我在到期的前一天想起了這件事。

這就是左腦君工作的樣子，發揮了它對日期和行程十分敏銳的能力，而在同一時間浮現的信封影像，應該是右腦君在提供協助（在大多數的情況下，用語言呈現的是左腦君，用圖像和場景呈現的則是右腦君）。

總之我本人徹底忘了這件事，甚至把稅金的信封壓在廣告傳單底下，完全沒有給自己想起來的餘地（我會反省的）。

讓心臟跳動的是……

或許有人會覺得思考消失是件很可怕的事。

「現代人非常重視行程和約定好的事情，要放手不管那些，然後把精神集中在『此時、此地』根本是不可能的事，那樣不僅沒辦法工作，也會變得沒有朋友。」

會這麼想很正常。

不過，情況其實沒有改變。

當我們擁有思考、想著未來或過去的事情時，這個範疇確實是由左腦君來管理，它用思考的形式讓我們回想起那些事情。我是在思考消失後才注意到這一點的，但我們的這些意識（意識焦點）會把「我」這個主詞加到其他功能意識在背後所做的事情上，搶走它們的功勞。

比方說：

心臟會自己跳動，與你的意志無關對吧？撲通、撲通、撲通。

心臟跳動把血液送到全身，即使你睡著或忘記心臟要工作，它依舊會用最適合的節律跳動。假如你認為是你（意識）讓心臟跳動的，我想事情會變得很奇怪。

你可能會煩惱——

「我怎麼那麼不擅長跳動。」

「唔嗯～我應該要讓心臟再跳得快一點會比較好，說不定還可以變年輕，感覺我還不夠努力。」

還有，心跳偶爾會漏拍或輕微的心律不整不是嗎？

「啊，我又讓心臟跳太快了，竟然跳得這麼差，我真是個沒用的人。其他人絕對都跳得比我好，要怎麼做才能順利地跳動呢？我上網查過了，可是都沒有人提到，拜託教教我（寫在部落格上）。」

好的，答案就是──

「那不是你（意識）在控制的。」

所以，

「可以請你暫時不要去管自己要讓心臟跳動這件事嗎？」

「就算你不去管，心臟也還是在跳動吧？不是嗎？」

實際上，思考也是同樣道理。

思考是大腦的自主功能

思考是大腦自己創造出來的。

就和心臟的跳動一樣。

大腦會在需要時讓意識以同步的方式使用思考，是一種在事後對所有已經存在的思考加上「我」這個主詞的概念。

只是大腦很習慣這麼做，所以同步時幾乎不會有時間差，因此你會以為是自己「正在思考」。

但實際上不是這樣的，**正在思考的是大腦的功能，你和思考是分開的。**

大腦還有其他的自主功能

舉個例子。

你之所以能直挺挺地站好，是因為大腦從看到的世界推算出怎樣是垂直的，然後進一步感受重力並藉著腿部肌肉和軀幹肌肉自動做出調整。關於這方面的事情，我們很少會加上「我」這個主詞來進行思考，唯有在頭暈或功能異常時才會注意。

「是我站得斜斜的嗎？還是世界變斜了？」

像這樣仔細觀察自然能做到的事情，即是意識產生變化的起點。

我在這，這裡是我的房間，有天花板、有地板，找出垂直的角度、擺好姿勢、控制身體、筆直地站起來。這一連串辨認的過程不是你在做，而是你的大腦主動在那麼做。光是這一個動作就會使用到許多的功能，不過你完全沒有放在心上，迅速地站了起來。老媽我雖然要費很大的力氣才能站起來，但不管是哪種站法，我們都不太需要去管大腦在幕後擅自做了多少事情。

思考同樣是大腦的自主功能，所以就算你不管它，思考還是會發揮功能，那個功能不會消失。

原因在於左腦君會幫我們執行那個功能，實際上在這個瞬間，正在思考的也是左腦君。

思考的聲音即時在你腦中響起，而且與你的聲音十分相似，所以你被它騙到了。

有一個方法可以不要聽到思考的聲音，那就是使用弱音功能。

只要開啟弱音功能，就不會聽見平時那些不重要的思考。真正重要的事情，左腦君會大聲地告訴我們，你大可放心。「不知道為什麼突然想起了那件事」指的就是這種情況。

以我家來說，左腦君甚至幫我記住了繳納稅金的期限。現在老媽我平時要做的事情，幾乎都是左腦君告訴我的。因為我打從心底信任左腦君，才有辦法活在「此時、此地」。我很感謝左腦君。

不過在思考消失之前，左腦君絕對是恐怖的最終頭目，它不但會讓思考失去控制，還會獨占能量、產生壓力，讓人睡不著或者胃痛，對於接下來要準備停止思考的你來說，左腦君將會是最大的敵人。我們要怎麼跨越這個難關呢？

第 3 章

解說篇 ❸

無法停止思考的原因

左腦學會耍詐了

我發現了喔，
只要抓住這個箭頭
再從背後操作，
就能夠增進思考，
讓營養流入腦神經（我）……
呵呵呵呵呵。

只要進入無我的狀態就能靜心了，
先來集中精神，
停止思考吧。
停止……
停止思考……
總覺得肚子好像餓了，
我早餐吃了什麼？
我想想喔～想到了，
我煎了法式吐司，
那個熱量會不會很高啊，
明天吃茶泡飯吧。
更重要的是今天的午餐，
要再吃炒麵嗎？
冰箱裡有豬肉嗎？
糟糕，我正在靜心，
我思考了好多事，完蛋了，
啊，冰箱有高麗菜。

無法停止思考的原因

事情發生在某天早上。

沒有任何預兆，一切發生得很突然。

那時我人在家裡，正在自己的房間裡使用電腦。

思考從我的腦海中消失，彷彿有人「啪」地把開關關掉一般。不對，我了解到那是「思考消失了」其實是更之後的事情，當下我只覺得**世界變得寂靜無聲**，**宛如關掉吵雜電視後的房間**。

平常感覺到異狀會開始鬧哄哄的思考卻沒有任何動靜，就好像它忘了該如何運作。不過這並非所謂「恐慌導致腦袋一片空白」的狀態，我很冷靜，有種意識擴大的感受。

接下來，我察覺到的異狀，是我的視線神奇地往前延伸。這個狀態很難用言語描述，視線從我的眼睛射出，穿過物體不斷往前延伸，總之就是和平常的感覺不一樣。我想想該怎麼形容，這很像你打開窗戶把頭探出去，變得可以清楚眺望原先隔著髒玻璃看到的朦朧景色，通透感和明亮感都十分驚人。明明是熟悉的房間，看起來卻有哪裡不太一樣。

不久之後，遲來的感動穿透我的身體。

「回來了」是我留下的第一個印象，我回到這個世界了，我之前人好像在這，又好像不在這。我回來了，回到這裡，回到我的身體裡。

這是一種強烈到會令我微微顫抖的感動。

世界看起來閃閃發光。
可是房間完全沒有打掃過。

腦中太過安靜，
讓人覺得害怕。
我還以爲
自己的耳朵
出問題了。
!?
我房間都
亂成這樣了耶。
這是什麼情況？
視線不自然的感受很驚人。
彷彿沒有盡頭，
可以不斷地往前延伸。
思考的聲音
從胸口的位置傳來，
聽起來很模糊
且距離遙遠。

那時我才終於明白「啊，是思考消失了」，感覺就像擺脫了某種猶如沉重毛毯般裹覆著我的東西。

自那之後過了好幾年，思考維持在消失的狀態，我過著享受平靜且無雜念的腦袋，以及充滿活力的生活。

那天到底發生了什麼事？

為了後續要體驗的各位，

請讓我把答案寫下來。

大腦從使用思考的神經迴路切換成直覺的神經迴路，發生了巨大的轉換。

這並非奇蹟，而是非常自然的事情。

因為我們這些意識焦點堅定地反覆做出那樣的選擇，所以在經過一段時間後，成功地切換了迴路。

老媽我在那個瞬間到來前，持續在做不選擇思考而選擇直覺的特別呼吸法。這是我將在「實踐篇」的開頭介紹的呼吸法（老實說我也沒想到會引發這麼大的變化）。

我會持續做，單純是因為那是一個能讓人內心變得平靜、感覺很舒服的呼吸法。

接下來是非常關鍵的部分，請容我寫一些關於大腦的事。

大腦就如你所知，擁有大腦神經細胞群連結組成的迴路，其實每當刺激流入，同時也是在提供營養給迴路。

簡單來說，迴路只要被使用就會獲得營養。

然後受到強化。

沒在使用的迴路無法獲得營養，因此有時會被分解掉。

也就是說越是那個人需要的迴路越有機會留下來，並且會成長茁壯、運作得越好。

思考在大腦裡也是一樣，**我們越頻繁地思考事情，思考的迴路就會獲得越多營養，變成更加強大的迴路**。

這就是為什麼我們會不停地思考與自己有關的事情，變得像我前面提到的自言自語那樣。

那果然也是因為腦中有那樣的迴路。由於我們不斷地反覆思考，它成了被強化到一定程度的迴路。

這時輪到左腦君登場了。

左腦君是思考的功能意識，請讓我做出這樣的假設。

假如你這個「意識焦點君」被左腦君抓住，強迫你反覆思考會發生什麼事呢？這個狀況叫做「一體化」（＝合一性）。

其實我們這些意識焦點有著左腦君沒有的功能。

那就是情緒。

情緒可以刺激大腦，強化神經迴路。

因此抓住意識焦點並讓它思考的左腦君不需要花費太大力氣，就能獲得大量的營養。

而且左腦君是專門處理過去和未來的思考意識，不論你現在待在多安全的地方，它都可以創造出「或許會發生災難，我搞不好會死掉」這種刺激情緒的想法。

其中最糟糕的莫過於左腦君有辦法去想不在現場的人，即使到了晚上都還在腦中回想中午的對話：如果對方那樣說，我就這麼說；如果我這麼說，對方就會那麼回覆。進行著虛構的對話，重新製造憤怒或悲傷的情緒，無止盡地思考想了也不會有答案的事情。每當你去想這些，左腦君就會獲得營養，超級無敵開心！

這個會反覆刺激情緒來強化大腦神經迴路的思考。

正是我們現在要讓它停下來的目標。

讓你不斷思考、情緒起伏不定的左腦君。

它的武器是過去與未來的人際關係，我們這些「意識焦點君」**如果想要解開與左腦君的一體化，擺脫受到思考左右的狀態，就需要堅定地選擇「此時、此地」**。

為了達成這個目的，老媽我把讓我右腦覺醒的呼吸法放在後面介紹的五個步驟的一開頭。它不僅效果非常好，呼吸法本身也非常簡單，請你一定要試著做做看。

自言自語的思考神經迴路
獲得了刺激和營養。

來吧，思考吧，
繼續不停地
思考吧。
想法不斷地冒出來～
而且想到的全都是些
無聊的事情和討厭的事情，
得想辦法停下來。

第 4 章

解說篇 ④

意識焦點的力量

你爲什麼會誕生在這世上？

意識焦點的力量

你好，我是老媽的「意識焦點」。

我現在雖已成功逃離老媽容器了，但我過去也曾被左腦君緊緊抓住很長一段時光。它在我的耳邊不停地灌輸「這樣好嗎？」或者「搞錯什麼了吧？」的想法，聽到那樣的低語，我不禁繼續思考下去，過著被想不出答案的思考陷阱網住、充滿迷惘的人生。

「正確與否」是左腦君擅長的陷阱。

「那樣有什麼意義」也是很難纏的陷阱。

最惡劣的是左腦君和我在腦中使用的是同一個聲音，一旦聽到它用同樣的聲音自言自語，我就會完全與它同步，中了它的圈套。

所幸老媽這個容器喜歡各種心理方面的身體工作（Body Work）。在做心理方面的身體工作時會嘗試由內往外傾聽身體，而非思考答案，因此養成了良好的習慣。焦點的「箭頭」原本就是指向身體的，換句話說，就是指向體內，而不是指向頭腦。

箭頭是力量的象徵

沒錯，就是箭頭，你知道這個箭頭指的是什麼嗎？

箭頭象徵著我們這些意識焦點的力量，意識焦點的力量即是「讓聚焦的事物增加」。我們這些意識焦點面向用箭頭指著的地方，人生將會逐漸變得寬廣。這個力量最近被稱為「吸引力」，你有聽過嗎？

然而大多數的意識焦點君都被左腦君從暗處緊緊抓住，所以增加的全都是無聊的思考，那樣真的很難受。明明只要你願意，就能發揮美好的力量引領人生！

關於這個部分，等到你從左腦君的魔爪中逃走後再來教你吧。你必須先逃離那個傢伙，和它好好保持距離，這是首要目標。這對左腦來說也是一件好事，畢竟它本來也不是壞人。

至於逃離左腦君思考陷阱的方法，我之後會把前面提到的五個步驟拆開依序做介紹。

只是請記住，你的箭頭擁有最強大的力量，所以**左腦君也不會試圖從正面來操控你，它繞到陰暗處，躲起來不讓你看到，並且牢牢地抓著你的頭腦**。即使你回過頭，它也會跟著繞到你的背後，因此會在你看不到的位置。這和「志村，後面、後面～！」①的情況如出一轍。就是電視節目《八點全員集合》裡面鬼屋的那個橋段啊，一回頭就不見蹤影，轉向前方後卻又站回身後的幽靈，可能只有看過該節目的人才懂得我在說什麼吧?!

這就是為什麼大家會覺得是自己在思考。實際上並非如此，思考是左腦君的工作。

我現在定居在老媽胸口正中央的「意識的座位」，這裡和大腦離得夠遠，因此我非常地自由。

①日本TBS電視台一九六九年至一九八五年，每週六晚間八點播映的綜藝節目《八點全員集合！》的知名橋段——鬼出現在志村健的身後，但志村總是不知道，反而是觀眾會緊張地大喊提醒他。

意識焦點君的真實身分是……

你說什麼？

你更想了解什麼是「讓事物增加」的力量？

哈哈哈，原來如此。

不過這得要從我們這些「意識焦點」是什麼樣的存在開始說起，這裡面還包含了有點令人震驚的內容，你可以接受嗎？

好喔，那我們來聊聊這件事吧。

老媽我會把在體驗裡得知的事實原封不動地寫下來。

生命

我們這些「意識焦點」是生命這個巨大意識體的指尖，你懂我在說什麼嗎？生命，就是性命、大自然、野生動物、地球的生態圈……一下子牽扯到這麼廣的範圍，真是不好意思，總之，你可以想像有那麼一個巨大又複雜，而且還活生生的能量存在嗎？

而且，你是那個能量其中的一部分。

包含微生物和動植物，全部都是那個能量的呈現。一個盡其所能複雜地發展、擴大、扭轉、擺動的能量。你能明白到目前為止的內容嗎？你只要大概理解就可以了。

所以，你也不例外，你這個存在百分之百也是那個能量所構成的。

你有過這樣的感覺嗎？

應該不太有機會吧……

我們人類還有人類的意識焦點君們，往往缺乏那樣的自覺。估計除了人類以外的所有生命，全都擁有那樣的自覺。即使是再小的生命，應該也不會從巨大的本源能量中被切割出來，只會在整體之中暫時獲得小小的形體，然後被分解，又再次回到本源。

那個應該是生命個體根本的本源能量，我們變得無法與之連結，被喀擦一聲剪斷了。

思考正是剪下去的那把剪刀。

而且它此時此刻都還在繼續剪！

我們的意識焦點君們全部被左腦君抓住，每天沒完沒了地在思想的浪潮中隨波逐流，其實這時左腦君正在和思考一起剪個不停。

所以情況非常單純。

只要你停止思考，它們剪的動作也會跟著停下來。

也就是說，每分每秒持續把你從本源巨大的生命能量切割出來的剪剪剪會停下來，本源能量將會說出「嗨，好久不見」，進到你的體內。

你也會嚇一大跳，向本源能量說出：

「嗨，我，好久不見。」

這個過程稱為意識轉變。

由於**這會讓你與「一個巨大的意識體」合而為一，所以也稱為合一的體驗**。

老媽的體驗

停止思考與意識轉變！

所以，思考消失的老媽到底發生了什麼事？

老媽我在一開始反覆體驗到了各式各樣的合一體驗，而且要不了多久也就習慣了，至今狀況已經穩定下來，可能是我在不知不覺中調整成功了。

老媽我用「本體君」來稱呼過來和我說「嗨，好久不見」的本源能量。這個人真的很愛幫別人取名字。那位本體君告訴我意識焦點是生命的指尖，讓我分享一點那時的體驗。（我不想寫太多自己的體驗，因為這樣會減少你體驗時的樂趣！）

現在回想起來，老媽我的轉變體驗好像常常發生在走路的時候，或許是因為我喜歡需要走在路上的工作，多半都是做些送貨員或業務一類得跑外勤的工作。

體驗實際發生的時間大概只有幾秒鐘，最多不超過一分鐘，在這短短的時間內，那些驚人的體驗和知識從天而降，我的人生和世界觀在那幾秒間產生了變化，大概就是這樣的體驗。

在這些體驗中，果然還是與本體君的相遇最令人驚訝。

會這麼說是因為原來我認為「是我在活著」是一場誤會，**不是我在活出我自己，而是本體在活出我**，本體君就是我的本體，這個領悟讓我非常震驚。

我那時看見的光景如下，請你也試著易地而處體會一下。

你在名為自己的車子裡努力開著車，你環視周遭並認真地抓住方向盤，準備要在下一個轉角巧妙轉彎。

然而當你注意到時，你已經坐在副駕駛座上，那裡沒有方向盤也沒有油門，你原本握在手中的方向盤消失了。

你驚訝地看向旁邊，發現本體君坐在駕駛座上，而且手還緊緊握著方向盤。

只是，本體君的眼睛是閉著的。

本體君閉著眼睛微微一笑，然後對坐在副駕駛座的你開口說道：

「來吧，交給你導航了，去你想去的地方，往你希望去的方向前進。」

同時給予你極大的信任。

這不是一種比喻，我真的體驗過這個場景。我邊哭邊笑，還拍手呢。

「原來是這樣啊，那些都是你嗎？就連剛才在平坦的路段絆倒，差點跌跤的也是你，不是我。」

「可是我卻擅自把主詞換成我，覺得被旁邊的人看到很丟臉，在那邊自言自語假裝什麼事都沒發生。」

「原來所有經驗的主人是你，你既是經驗，也是記憶、肉體、靈魂，那我呢？」

本體君發散出無限的愛並說道：

「沒錯，所以你要許下願望。」

這樣啊，我的工作是許願，為了有所求，我必須暫時忘記自己是龐大的能量。

我以意識焦點的身分望向外界，憧憬或渴望某種事物，接著巨大的生命君將會洶湧地流向我。

那個功能是我被創造出來的目的，我也是一種功能意識，擁有指出、許下願望的功能。

真正活出我的是身為生命的本體君，要是本體君浮現到表面，意識焦點的功能將會損壞，所以本體君一直在意識的背後閉著眼睛。

意識焦點（我）
生命君
本體君
剪斷

本體君的思考是左腦君，那是為了在人類社會生存所特化出來的思考意識。

而讓本體君與我連結的是右腦君。

我以恰到好處的程度喀擦一聲地與那些切割開來，成為了能夠自由許下願望的存在，一個小小的功能意識。

了解這些後，促成我最後的放手，我終於把我也放開了，我根本是意識焦點君專家。怎麼說我是專家呢？

我這幾年和左腦君、右腦君相處下來，已經相當理解自己這個系統了。

現在我已經能夠享受許下願望，並且對許許多多的事物產生渴望和憧憬，然後實現它們。你看，我連書都出版了！

至於要怎麼許願比較好，或者怎樣許願比較容易實現，關於詳細的許願方式，我會在說完五個步驟之後做介紹！

請你也一定要實現你的夢想。

剩下與右腦君有關的部分，將會在說明五個步驟的過程中登場。

你**首先要做的是脫出思考**。

請開始挑戰逃出左腦君的逃脫遊戲吧！

第 5 章

實踐篇❶

降到腹部，停止思考

電梯呼吸法練習

實踐篇步驟❶

降到腹部，停止思考

各位久等了，現在就來實踐看看吧。好興奮喔！

接下來要執行的是**成功消除**老媽我的**思考的呼吸法**。

不過請各位安心，做一次思考就突然消失，這樣的事並不會發生。

這個呼吸法做起來很簡單，但要花上一段時間才會有成效，因為我們是透過這個呼吸法暫時阻止刺激流入思考迴路，然後透過反覆執行來切換思考迴路的開關。換個方式說，就是肌力訓練，強化肌肉力量的訓練。只做一次伏地挺身並不會讓你的肌肉變得強壯，必須每天重複訓練，才能把肌肉慢慢地鍛鍊起來，大腦的神經迴路也是同一個道理。尤其當你腦袋轉個不停、無法入睡時，集中精神做這個呼吸會有很好的效果。

電梯呼吸法

深呼吸

首先，深呼吸。自然且緩慢地呼吸。不要太勉強自己，不要露出痛苦的表情，稍微展現微笑，把你的眉頭舒展開來。請用輕鬆愉快的心情來進行。

電梯的地板

在你呼吸的同時，請想像電梯圓形的地板在腹部裡上下移動。地板隨你想像，可以是透明會發光的地板，也可以是一般金屬材質的地板都好，請用腦內自然浮現的畫面進行想像。

電梯的地板會以寶特瓶瓶蓋的大小從脖子內部開始移動，

並且配合腹部的大小逐漸變大。電梯移動時會在腹部裡面形成一個空間，穿透過內臟。

隨著你吸氣，電梯從脖子內部快速下降到胸腔、心窩、腹部底端，在抵達腹部底端時碰到地面並停止。

隨著你吐氣，電梯從腹部底端上升到心窩、胸腔，最後抵達脖子內部。

來練習吧！

由於要配合呼吸，所以電梯動的速度可能會比你想像得還要快。它會迅速地下降，然後迅速地上升，就這麼簡單。

請你稍微練習看看，練習時也可以把眼睛閉上。

電梯呼吸法

讓意識從頭頂下降到腹部的呼吸法

透過深呼吸＋想像電梯的地板來停止思考，
讓意識下降到腹部。

訣竅

做起來效果會更好的訣竅，是在想像中真的跟著電梯地板移動，像是要溫柔地撫過腹部內側般，把注意力集中在電梯地板的動向和感受上。

這個呼吸法沒有次數限制，只要在工作或做家事、學習的空檔盡可能地多做，就能減緩過度思考的情況。

如果是容易過度換氣的人，請留意不要努力過頭，一旦指尖開始發麻，代表血液中的氧氣過多，這時請暫停深呼吸，稍微活動一下身體，做些別的事情轉移注意力。建議你可以去看看書或是唱唱歌，然後下次起請一邊走路，一邊執行輕度的電梯呼吸法。

電梯呼吸法的意義

這是讓意識焦點下降到腹部的呼吸法。

也是讓你意識到腹部的呼吸法。

透過把注意力集中在電梯地板的移動，利用意識去刺激從腦部經過脊髓並延伸到腹部的自律神經。

自律神經是比較容易和右腦君接觸的區域，只是不知道為什麼想像的畫面會像是在讓電梯的地板移動，但這個動作的確對消除思考具有重要的意義。

這是一個涵蓋多重意義的練習，很值得去做喔。

當你堅定地**把注意力集中在腹部內，左腦君就無法抓住你。**

遇到情緒化的想法在腦中打轉、停不下來時，請務必用電梯呼吸法打斷它。

第 6 章

實踐篇❷

與直覺連結，相信直覺

右腦散步的練習

實踐篇步驟②

與直覺連結，相信直覺

做過電梯呼吸法之後，感覺怎麼樣呢？

這個呼吸法是本書實踐的基礎，請一定要繼續練習下去。

在步驟②，直覺的右腦君登場啦！

右腦君是能夠幫助你並解救你的角色。知道在自己的體內存在著會幫助自己的角色，能使人湧現出非常大的勇氣。

請容許老媽我介紹一個在我和右腦君同心協力時，發生的小小奇蹟的故事，作為具體的案例。

右腦君想要幫助你

這是老媽我在某家宅配貨運公司工作時所發生的事。

這之前我沒做過送貨的工作，一開始有很多不懂的地方，而事情就發生在我想辦法撐過了兩個月的某一天。

早上我會在配送區從卡車上接過負責的貨物，並將貨物依照配送順序排好、堆到推車上。這天當我推著堆滿貨物的推車前進時，一個聲音突然在我腦中響起。

「我知道了！」

那是一個小孩子用開心到不行的語氣說話的聲音，即使現在回想起來那聲音依舊清楚而嘹亮。這是我人生唯一一次聽到右腦君的聲音。

老媽我嚇了一大跳，不加思考地停下腳步，開始東張西望，怎麼看都像一個可疑人士或找不到送貨地點的無能送貨員。

剛才那是什麼聲音？我以為有誰的小孩在後面大叫。

儘管我感到疑惑，仍舊推著推車向前，當我快要走到轉角時——

「右邊！」

強烈到無法違抗的直覺冒出。

「咦？不是吧，接下來要左轉。右邊雖然也有包裹得去遞送，但那是之後才要去送的地址喔，送貨是有優先順序的。」

可是直覺不肯退讓，認定「絕對是那邊！」

「嗯～找麻煩。」

我一邊碎碎唸，一邊推著推車轉向右邊。

就在我即將抵達右側道路的遞送地址時，那棟房子的門自動打開了，一位女士從裡面走了出來，並且在剛抵達的老媽說出「那、那個，有您的包裹」之前先說：

「嗚哇，太好了，我正準備出門說。妳來得正好，我還以為今天沒辦法收到了呢。」

連續發生奇蹟

在絕佳時機送出包裹之後，我看著地圖想確認下一個遞送地點時，強烈的直覺再度浮現。

「沒錯，這邊確實還有包裹要送去，但這裡是原本預計很後面才要送的地方，貨物都是按照遞送順序從箱底排上來的，要跳過順序從箱底拿出來會很麻煩，拜託饒了我吧。」

老媽我敗給了不肯聽話的固執直覺，再次跳過順序去拜訪，我才按下門鈴沒多久，門就在我的眼前打開了。

收件人一副很高興的樣子：「哎呀，運氣真好，我正好要外出，真是幫了我一個大忙。」

我回答：「啊，好的，能在您出門前送達真的是太好了，謝謝您。」

不管怎麼說，對送貨員來說比起沒人在家，絕對是把貨送完會比較開心。而且要是客人能欣喜地表示「太好了」，送貨員更是會忘掉酷暑或嚴寒而愉快地露出笑容。

話說，事情真的很妙，這之後直覺不斷地出現，每當老媽我聽從直覺去送貨，送貨地點的大門都會像自動門般直接打開。總而言之，我都是在對方正好要出門，一旦錯過對方就不在家了的關鍵時刻抵達。

這種情況一週出現一次很正常，但發生得這麼頻繁卻從未見過。那一天，老媽我因為客人不在家而帶回去的貨物不到平常的一半，客人在家的機率高得驚人，簡直就是一場奇蹟大拍賣。

右腦君會持之以恆地觀察

「這到底是怎麼一回事？發生什麼事了？怎麼會這樣？」

我試著詢問自己的內心，腦中也只浮現看起來心情很好的小孩在嬉鬧的畫面。嗯，沒錯，就是你吧。之前明明不曾對工作發表過任何意見，到底為什麼要這麼做？

那個小孩就是右腦君，是一直引導著老媽我的直覺掌管者，它開始明確地引發奇蹟了。那天送完貨時，我終於明白右腦君這麼做的原因。

右腦君明顯知道收件人有事要出門，必須離開家裡。你問老媽我它為什麼會知道，我也不確定，或許可以解釋為因為**右腦是連結萬物的「合一」（Oneness）的一部分**，對此我也沒有確切的證據，但事實就是右腦君知道。只能理解為發生了無法說明的事。

在這之前右腦君並不知道老媽我每天都在做些什麼，很神奇吧？右腦君似乎無法理解在三次元的外界所發生的事，尤其是像工作那樣有一堆瑣細規定的事情。這時老媽我明白了一件事，就是即使我理解了一些什麼，也沒辦法直接傳達給右腦君。

那天會那樣大概是因為老媽我已經連續工作了兩個月，記憶中已對送貨地點有印象而且掌握了工作流程的關係。看來若不是老媽我已確實內化成記憶的畫面，右腦君似乎是無法理解的。

所以，右腦君其實是自從老媽我開始工作起，就一直默默觀察著吧？它可能在想「她到底在做什麼？」「她做的事到底有什麼規則？」又或者「她今天為什麼要拿著貨物跑到那棟房子，然後隔天又跑去別間房子？」「唔嗯～」……

最後它終於理解了。

花了兩個月的時間，於是高興得忍不住發出聲音說：

「這件事是這樣吧？我理解得沒錯吧？太好了，我可以幫上妳的忙了，我來告訴妳有誰要出門！」

「我知道了！」

工作結束回到家之後，領悟到右腦君體貼心思的老媽我感動得淚流不停，喃喃自語地說「謝謝、謝謝你」。一想到右腦君這兩個月來一直在看著我，我就感到非常開心。

奇蹟並沒有終止，之後仍接連不斷發生。

在聽取直覺後，為了讓送貨時能彈性地變更順序，老媽我也在排列貨物的方式上下了工夫。多虧右腦君的幫忙，後來的幾年間，我都工作得非常愉快。

說個題外話，送貨送久了，我漸漸變得一走到房舍前，就能隱約知道有人在家，還是沒人在家。

不只老媽我，也有其他送貨員這麼說過。我想可能是右腦君的直覺原本就會用這種方式，以超越常理的感覺傳達給意識，也就是類似專家的直覺吧，是一種無法用言語說明的感覺。

停止思考＋相信直覺

停止思考，體驗意識的轉變。你已經以此為目標，開始做前一章提到的電梯呼吸法（↓83頁）了吧？請你一定要反覆練習。

透過電梯呼吸法把意識焦點從腦袋降到腹部，是本書的核心概念之一，還有另一個核心概念是接下來要執行的「與直覺連結、相信直覺」。

這兩個缺一不可，否則無法順利體驗到意識轉變。不只要停止思考，還得與直覺連結來取代思考才行。在那麼做之前，你應該先有試著以坦率的心情運用直覺、與直覺變得親近，並發展成互相信任關係的想法。

把意識焦點從頭腦下降到腹部。
尋求直覺的引導來取代思考。

右腦君很喜歡你，而且打從心底想要幫上你的忙。讓我們與右腦君相遇，然後和它變得要好吧。

右腦散步

這是右腦君與你的散步。

規則只有一個。

當你往前走，在快到轉角時，請右腦君用直覺告訴你答案，然後往右腦君指出的方向前進。

比如下班或放學回家的路上、買完東西以及從附近車站走回自己家裡的路上等，由某處往自家方向移動做起來會比較容易。因為就算迷路了也只是在家裡附近。當然也建議你利用假日散步時挑戰看看。請不要選擇不需要轉彎的直線道路，而要在住宅區這種有很多轉角的地方執行。

右腦散步的做法

請一邊做電梯呼吸法，一邊慢慢地往前走。

在進行電梯呼吸法的當中，請對你的腹部內側傳送以下訊息——

「我接下來想要玩個散步遊戲，我會按照右腦君說的方向轉，請傳送直覺給我。」

你往前走後會先看到轉角，看到了就可以正式開始。

「我接下來要往哪兒走？」

提出這個問題，並在做電梯呼吸法的同時把注意力集中在腹部的反應。

等你走到轉角前，就順從直覺轉彎或直走，一定要按照指示前進。這沒有對錯的問題，而是你向你內在的小孩問路而行，一種奇妙的散步。請好好享受它。

完全沒有浮現任何直覺也沒關係，這很常發生。如果你願

右腦散步

連結直覺並立刻採取行動，創造出大腦的神經迴路吧。

不靠思考做決定的練習

✕ 因爲是熟悉的路
✕ 因爲是不熟悉的路

⬇

先關閉思考。

直覺幾乎沒有任何反應很正常。

只要在快到轉角前的短暫時間集中精神進行「聆聽」的連結，連通直覺的連結迴路就會慢慢地被創造出來。

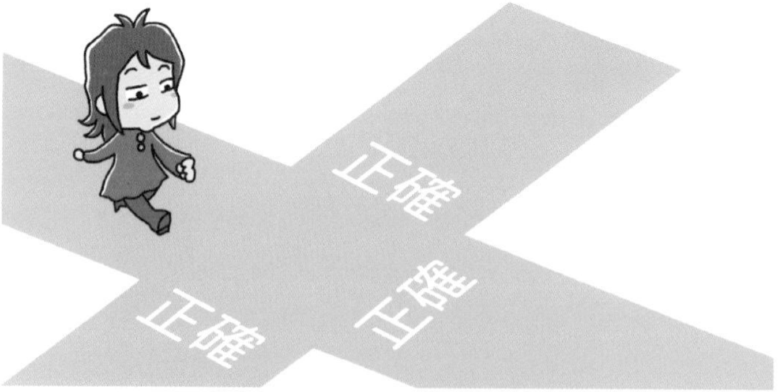

只要你有聽從直覺，
轉向哪邊都是正確答案！

意，請鼓起勇氣試一次看看。

假如回到了同樣的地點，請笑出來吧。你在散步時要經常把注意力放在腹部，順著腹部內感覺較為明確的方向、感覺愉快的方向、吸引你的方向轉向，而且不要去在意結果。此外，也請已經成年的你注意安全，不要突然穿越馬路。

直覺是無法用言語形容的感覺

看到轉角之後，不論你走得有多慢，都會比預料的還要早抵達。

「哇，急死人了，要轉彎嗎？還是直直走？要往哪邊？我不知道啊，不管了，都可以啦！」

一開始時大概都是這樣。這項練習是為了要在短短幾秒鐘內集中精神並獲得直覺，自然有其意義，希望你能享受這個過程。這時的你正在連結新的大腦神經迴路，它是你過去不曾使用的迴路，也是你接下來要培養起來的迴路。

順道一提，老媽我第一次做這項練習已經是三十年前的事了，我現在也偶爾會做，是很有趣的遊戲。

左腦追求結果的聲音

你想聽從右腦君的直覺時，有時左腦君會來干擾，像是一個瞧不起小孩發言的大人。

「你做這種事一點意義都沒有，有夠蠢的，只會迷路而已。人家會笑你的，你看，你要怎麼跟那個在看你的人解釋？難道要說直覺叫你轉，你就轉嗎？轉了之後有發生什麼事嗎？什麼都沒發生嘛！」

這其實是一個大好機會。

請務必注意那個聲音。不是注意它說話的內容，而是聲音的源頭。那或許聽起來像是你說話的聲音，但實際上是左腦君沒辦法繼續隱藏它的存在而露面了！

當身為意識焦點的你想要和右腦君互動時，左腦君不知為何會無法再躲藏下去，它會不由自主地從暗處出現。請睜大眼睛仔細看，這是能夠讓你清楚察覺到你和左腦君是各自分開的大好機會。

請對著那個聲音說出以下這句話：

「你去負責注意安全，當然我也會留意，拜託你了。」

左腦君會因為你直接對它說話而大感震驚，說不定會短暫陷入沉默。

（其實左腦君的抗壓性很低，也許這就是它要偷偷躲起來的原因。）

就這樣，三個意識開始分離。

實踐的練習會因為它們取得平衡而效果倍增，請你依照個人喜好把步驟①、②、③融入日常生活中，至於步驟④和⑤，則要請你在有需要的時候執行。

通往奇蹟的捷徑

只要重複右腦散步，你將會變得容易遇見奇蹟。

與原本應該不會遇到的人邂逅、重逢，發現感興趣的商店、美麗的風景、腳邊的小花等。

儘管你會受到過於追求結果的左腦君妨礙，一旦你不再拘泥於結果、繼續往前走，奇蹟就會發生。

從車站走回家的路上嘗試轉三個彎，能做到這種程度就可以了。

請享受抵達轉角前認真感受「這下子，怎麼辦，要往右？往左？直走？」的過程。

第 7 章

實踐篇❸

「此時、此地」影像化

靜止不動的練習

實踐篇步驟③

「此時、此地」影像化

為了停止思考，我們要把意識焦點下降到腹部。

做出與直覺連結、相信直覺的選擇。

而支撐這兩個核心概念的，正是「此時、此地」這個我們接下來要進入的狀態。

左腦君是讓你得以在人類社會生存的功能意識，專門負責人與人之間的溝通。左腦君擅長的領域是語言、思考、過去和未來。

現在，請你稍微看一下四周，視線範圍內所看到的東西，有很多都是人工製造的吧？萬一剛好，你是個邊在閱讀本書，邊在山裡伐木的人，還

請小心一點不要受傷了。（有點擔心啊）

比起這種巧合，我想待在房子裡的人應該占多數吧，各位不覺得映入眼簾的全都是人類製造的物品嗎？

我的意思不是說這樣不好，待在房子裡方便又舒適，老媽我最喜歡了。我是那種可以的話，會想要一整天躺在家裡看YouTube影片的人，我想看的角色扮演桌遊實況影片已經累積了一大堆，啊～好想看喔。

這個事暫且不說；當我們看到人造物，左腦君果然會活化，因為那些明顯是由語言所構成，就算我們沒注意到，左腦君也會持續在意識的背後把進入視野內的物品全部轉換成語言。

相反的，當森林群木、臨海的海岸、壯觀的晚霞等畫面映入眼簾，右腦君就會活化。看著整片樹海隨風搖曳的景象，我感覺身體的內在產生了變化，那個動態似乎有著打開腦內某種開關的效果。

回溯到右腦的時代

有那樣反應的右腦君，不單純只是喜歡大自然的孩子。

這是老媽我的右腦君告訴我的（它沒有使用語言，費了好大的力氣），據說原本並沒有左腦君，左腦君是後來誕生的。

理由好像是因為人類以前生活在自然的環境中。對喔，這麼說也有道理。

而且，右腦君還告訴我它在某種環境下會活化到極限。

那就是在充滿毒蟲和肉食動物的叢林中。（啊——！）

我們來試著想像一下吧。

你一個人走在叢林裡，走在野獸走的十分難走的路上，踩過堆積在地面的落葉和樹枝，不斷地往前邁進。

你應該會想盡量避免製造出聲響，這裡可是嗜血猛獸棲息的地方啊。即使你已經小心翼翼，風還是會把你的氣味傳播出去，說不定猛獸就在一旁的草叢裡伺機而動，而身上披著豔麗花紋甲殼、帶有毒刺的昆蟲很可能就藏在落葉中。

你透過全身皮膚的感覺去感受空氣、感受風，擴大感知範圍留意耳朵聽見的所有聲響，不敢有一絲大意地環視四周，屏住呼吸，謹慎地前進。

隨著集中專注力，很神奇地你不再感到害怕，這是因為右腦君釋出了抑制恐懼的物質，畢竟你要是敗給恐懼拔腿狂奔，無疑會遭到襲擊並且死亡。

還有一點要請你注意，你的腦袋裡沒有語言或思考。在性命受到威脅且一秒都不能大意的情況下，思考只會造成妨礙。

「我想想喔～猛獸的特性是什麼？果然是會撲過來咬住我吧？會不會很痛啊？」

你不會有空去想這些，所以右腦君會抑制左腦君，不讓它運作。這時立場就顛倒了，左腦君的活動被抑制住後，思考會消失，不久後你作為「個體」的感覺大概也會消失。

你把注意力集中在全身的感受往前走後，會產生一種不可思議的感覺，宛如視野變得寬廣了。不對，是你的感覺超出皮膚擴散開來，彷彿要包覆住整座叢林般，叢林裡的生命們全都在你擴大的感覺內，你甚至能感知到哪裡有猛獸，猛獸應該也能感知得到你。你是生命，猛獸也是生命。你小小的肉體在擴大的感覺中往前行走，但正在走路的不是你，而是敞開的生命。

不知不覺間，你理解到自己今天不會死去，一些生命代替你餵飽了猛獸，叢林儘管蠻荒卻充斥著強韌的生命力。

你平安無事地穿越叢林，離開了那裡……

老媽我光是想像就覺得頭皮發麻，我很怕被蟲咬，得塗止癢膏才行。對，要止癢。

這個狀態就是「此時、此地」。

不保持在「此時、此地」就會喪命的當下情境。

性命受到威脅，眼睛、耳朵、鼻子、皮膚的感覺，還有全身的神經組織全部打開，意識每分每秒都集中在那些神經的反應上。

換句話說，**右腦是遠古的大腦**。

那是一個沒有語言的時代、生與死十分鮮明的時代，同時也是「個體」這個感覺還不發達的時代。

是人類還未被人類社會舒適地包圍起來的狀態。

這算是題外話，但這也解釋了為什麼右腦君會在腹部。因為右腦比起大腦，更接近全身的神經組織意識。

不過老媽我稱它為右腦君是有理由的，左腦君和右腦君都在頭蓋骨裡，是從同一血流分享營養的關係，這部分有個平衡機制，只要有一邊比較強，另一邊就會比較弱，它們之間似乎是這樣的關係。（以上是右腦君的分享）

因為這樣形成了腹部裡的右腦君如此難以理解的情況。希望你能看懂我想要表達的意思。

隨著時代演進，我們在現代擁有名為「個體」的感覺，創造出了構築人類社會的左腦意識。

所謂的「個體」，指的就是意識焦點君，是我們把它分割出來的。

可是我們現在同時擁有古代的大腦功能（右腦），以及為現代人類社會特化出來的大腦功能（左腦），前者是「此時、此地」，後者是「過去、未來」。已經習慣人類社會的文化，持續生產出思考的我們，要怎麼做才能回到「此時、此地」呢？

說白了，就只能練習！

你在先前想像叢林的練習中，應該已掌握到「此時、此地」——

此刻，你在身體所處的環境中，把注意力集中在身體的感覺上。

大概就是這樣的感覺吧?!

（毒昆蟲不要亂入，這裡不需要你。）

接下來我要介紹簡單的影像化做法，可以讓我們這些被行程追著跑的現代人把注意力集中在「此時、此地」。

來想像一下比叢林更清爽一點的畫面吧。

「此時、此地」影像化的做法

請你站著或坐著，在安全的地方開始。

請試著想像——

你站在河裡潺潺的流水中，

你背對著河川源頭的上游，
正面面對著水流流逝的下游，
你從河川的正中央，慢慢地往下游的方向走去。
水流不會很湍急，水深大約到你的膝蓋或膝蓋以下，
如果你覺得舒適安全，也可以讓水深更深一些。
河水清澈見底，河面閃爍著光芒，
隨著步行的你一同流向前方。
水流即是時間，
它既是水，也是時間，
隨著步行的你一同流向前方。
它從後方向前方流去。
你突然停下腳步，
水流從後方追過你，

往前奔流而去，
那是時間，
請目送它流走。
假如你有陳舊且不必要的觀念，
請把它拋進水流中，目送它與水一起流走。

站在原地的你感受著腳下的地面，
請你在想像中稍微踏步，
試著去感受水底與地面的踏實感，
大地非常地堅實，
它正在支撐著你。

請維持站姿，抬頭望向天空，

美麗的藍天映入眼簾，
你再次在水中感受到腳下的地面，
這裡是此刻你所在的地方，
而站在這兒的你的身體內，是身為意識的你的歸屬。

時間的水流淙淙流過你，
往前流逝而去。
你心想「站著不動也沒關係」之後，感受到一種暢快的解放感。
請一邊感受著「此時、此地」，一邊做幾次深呼吸，
然後從想像中回歸到現實世界。

「此時、此地」影像化的使用時機

當你為了沒有時間而感到焦慮，或是心思飛到過去或未來時，請隨時回到這個想像中，目送水流流走。

影像化也需要時間習慣和練習。

等你習慣之後，只要花幾秒鐘去想「潺潺的流水……」，就能夠回到「此時、此地」。（快捷版很方便吧？）

不管是在進行電梯呼吸法的練習之前，還是右腦散步的途中、失眠的夜晚、忙碌日常的空檔，請你都試著把影像化加進去。

「此時、此地」影像化的重點

「此時、此地」是意識的型態。

意識沒有去到過去或未來，而是在處於「此時、此地」的你體內，與你身體的能量融合。

需要注意的重點是腳與腳下的地面。

電梯呼吸法關注的範圍只有到腹部裡，不會去注意更下方的部分，但「此時、此地」的影像化會連腳下的地面都需要去感受。

第8章

實踐篇④

熬過思考的回歸

練習去掉主詞

實踐篇步驟4

熬過思考的回歸

如前面說的「右腦君是遠古的大腦」，既然右腦本人（？）都這麼說，應該就是了吧。

只是，我最近在想，就算不回溯到遠古時代，直到近幾年為止，說不定我們都不是「個體」意識。

比方說，我們都有名字對吧？日本人的名字幾乎都以居住場所命名，像是住在山裡的田邊，所以叫「山田」；因為住在河川上游的沼澤帶，所以叫「上沼」，還有住在山腳下的「山下」等。

人名和地方被以同樣的名字來稱呼。在人人都需耕種，喝著河川或井裡的水，接受山林恩惠的時代，那個地方與個人在意識上也有著廣義上的一體感不是嗎？

如果田裡遭受昆蟲或疾病的危害，個人可能也會感覺到「好像怪怪的」，猶如那是自己的身體般，憑著自然的直覺發覺到異常。

這或許是老媽我的妄想，但說不定就跟我想的一樣。事實上也有不少研究人員表示，「個體」這個感覺是近幾年才在意識中形成的。

對誕生在「個體」已經是常態的現代人來說，很難想像沒有「個體」的意識。

雖然有時我們會在運動競賽等情況下深刻感受到一體感，清楚知道某位夥伴做出什麼動作，就等同我們自己做了一樣。就好比一群人划著同一艘船，划槳的每個人都會感覺自己與他人是一體的。

這也是在運動中語言的思考會逐步消失，而敏銳的體感會逐漸占上風並且持續的真相。

老媽我並不想把思考當成壞人，可是從某種生命系統的角度來看，我感覺彷彿有一個切換的關鍵，那就是有思考與沒有思考。

話說，標題「熬過思考的回歸」，讓人看了很緊張呢。

我在步驟①、②、③介紹了具體的練習方式，希望大家一定要實際去執行，這和你一年到頭都想著挑戰伏地挺身，只要沒有實際去做就不會長出肌肉是同樣的道理。

此外，當你真的認真做練習，採取行動想要停止思考後，思考也會不服輸的開始有所行動，於是你會進入本章將說明的④步驟。

思考的量反而會變得比平常還要多。

你開始在意那些平時不會介意的事，思緒不斷在腦中盤旋，一下生氣、一下難過，有種情緒上也容易受到影響的感覺。

你可能還會突然變得心灰意冷，覺得「這練習是怎樣，有夠沒意義」

等等。

請你看清楚了，請你仔～細地觀察。

嘿嘿，左腦君在害怕了！

沒錯，左腦君感受到危機，開始行動了。

從左腦君的立場來看，要是思考被停止，過去培養的大腦神經迴路將全數化為一場空，因此它會非常努力，無論使用怎樣的手段都想要讓你思考，而且還要你有特別情緒化的想法！

練習去掉主詞

在這個步驟，我想教大家的是去除主詞。

當你感覺自己似乎很煩躁時，請不要說：

「我好像心情很煩躁。」

而要說，

「今天有種煩躁的感覺。」

如果你憤恨地想著「那傢伙幹嘛那樣說話啊！」

就要說「總覺得有種火大的感覺。」

假如你感到「唉~今天心裡好煩，好難過。」

請說「哎呀，有一股想拋下一切的悲傷心情。」

倘若你心想「工作好累，這工作不適合我，還是辭職好了。」

請說「今天有一種真的很難受，想要離開的心情。」

這是一個乍看之下差異不明顯的操作，但**有加上我這個主詞的思考和沒加上主詞的思考，是不一樣的迴路**。

左腦君想要帶給你加上我這個主詞的思考，甚至還想帶給你有著強烈黏膩情緒的思考，這些都是會讓人想個不停的思考，而且對左腦君而言是非常美味的思考。

因此改說「今天有種……」，換成變化不大卻拉開距離的思考，就可以避免自己被左腦君的作戰計畫騙到。

選擇詢問直覺

下一步請你接著這麼做。

「總之，明天我的感受會變得更清晰吧，我來問問直覺。」

然後進行電梯呼吸法，帶著要把疑問或想知道的事情投進腹部裡的感覺去做。

你不覺得有點期待嗎？不知道右腦君或本體君會給出什麼樣的回覆。

到了隔天早上，你的感覺通常會不太一樣。

有時在起床的瞬間就會浮現直覺或清楚的畫面。

我可以說出來嗎？老媽我可以喊出來嗎？

「這是老媽我每天都在做的事——！」

思考消失後的身體感覺

老媽我的思考消失了好幾年。

有人問我「你迷惘或煩惱的時候都不會去想嗎？」

是的，我會想，能夠下決定的事情，我都會做出決定。

做不了決定時，我會找出那個前提下的最佳狀況，並且在想著「還有比最佳狀況更好的選擇嗎？」等問題時讓自己樂在其中。

我會讓那份愉快的感受降到腹部，相信事情會往最好的結果發展。

至於為什麼要降到腹部。

那當然是因為我幾乎百分之百會得到答案。

而且那個答案不是來自老媽我個人，而是從包含更大整體的地方傳回來的。

關於這一點，請你認真的聽我說。

思考消失了幾年之後，我在最近注意到一件事，其實還有另一顆大腦在我的腹部。

那個感受相當真實，而且那顆腦很大一顆，超出了我的身體範圍。這是大腦沒錯吧……？

目前我稱之為生命腦，不過總覺得不太符合，念起來怪怪的。

這部分我還在探究中，如果繼續開發下去，說不定可以做到很多事。

儘管這是我自己的腹部，對老媽我來說也是未知的領域。

近幾年在大腸和心臟也發現了原本認為只有大腦才會有的神經細胞，因此這或許不見得是件奇怪的事。

我身為探究者，之後要是有任何發現，我還是會想把它寫出來。

不好玩嗎？

我前面介紹了具體的「通往意識轉變的步驟」，你覺得怎麼樣呢？

- **很麻煩**
- **為什麼我非得做這種事不可**
- **不懂意義在哪兒**
- **不知道有沒有效果**
- **沒有瘦下來**
- **不好玩**

嗯，或許是吧，我懂、我懂。

沒有什麼特別大不了的東西，都是一些普通的方法。

不過老媽我相信只要繼續照著做，你肯定會開啟不一樣的人生。等到思考消失，你應該會在永無止盡的「此時、此地」中，與你的本體連結並看到永恆吧。為此老媽我從思考消失的那天起，直到這一刻為止都持續在用自己的意識做人體實驗，目的就是要把方法傳授給其他人。

所以，如果你覺得做得下去，請繼續執行。

這不是你無論如何都得做的事情，請用輕鬆的心情去做。

探究是一件很有趣的事情喔！

接下來的內容，是寫給此刻正在經歷人生困境的你。

老媽我的書裡寫的不是用來挺過人生逆境的內容，而是專門針對意識轉變這項小眾需求所寫，假如沒能幫上你的忙，我很抱歉。

但是老媽我知道，不論在何時，你的內在都有支撐著你的意識們。老媽我年輕時也曾因身心疾病發作而感到痛苦，變得無法走出家門，也給家人添了不少麻煩。

那時候我總是把鎮定劑當作護身符般緊緊的握在手裡，而且不知為何只要用手遮住右半邊的臉，我就能勉強的稍微離開家裡到外面走動，是這樣的一個狀態。甚至有段時期我即使在家裡也要蓋著毛巾，沒辦法把臉露出來。

所幸，我遇見了優秀的教練們，自那之後我開始仔細地探索並療癒自己的內在，經過我不斷努力學著接受，慢慢的建立起了新的自我。那條路的盡頭，有現在的老媽、那時的我絕對想像不到的人生。我的人生獲得了改變，得到了很多的支持。如果你稍微能夠喘息、有辦法稍稍抬起頭看看外面的世界，請你一定要去尋求支援。

那種感覺很不可思議，我年輕時生病的那段日子，總覺得隱藏起來的右半邊臉不是現在的我。記住，**儘管有某種痛苦的東西阻擋了你的人生，你嶄新人生的胚胎就沉睡在你的內在深處**。你一定可以改變，此刻也正在一點一滴的產生變化，不要心急，慢慢來。

我在步驟①介紹的電梯呼吸法，會讓你連接上位於腹部下方作為能量的根本部分，讓你回想起「可以安心待在這兒」的感覺。那是一種你遠離腦中令人感到痛苦的思考後，下降到腹部裡，與你自身能量合而為一的體驗。

「可以安心待在這兒」的感覺不是別人給你的，而是你這個意識與在你腹部裡的生命能量之間的關係，與意識是否有辦法在身體裡扎根有關。

那麼接下來，我要介紹最後一個步驟。

左腦的反擊！

啊——！

第 9 章

實踐篇 5

左腦的最後反擊

電梯呼吸法加強版

我可沒說
這是最後。

實踐篇步驟⑤

救援！最後的戰鬥

來到了本書要介紹的最後一個步驟。

你在前面的步驟挑戰過的練習，理應已經讓流入思考的腦細胞迴路的刺激大幅減少了。我們減少的是會和感情一起不斷流入，有如自言自語般一直糾纏著自己的思考，也就是以把此刻不在眼前的人當作回想目標，重新點燃怒火、沉浸在悲傷中、讓自己變成犧牲者並感到內心慌亂的思考。這樣的思考不同於工作時使用的思考，或是計算能力和大腦訓練鍛鍊出來的記憶力等，它會糾纏著沒有必要卻膨脹的自我意識。

不過左腦君並不想放開自我意識，從左腦君的角度來看，那是能夠讓它輕鬆獲得營養、性價比最高的思考，只要你願意不斷地思考下去，所有問題都能圓滿解決！（其實一點都不圓滿。）

就在這時，左腦君發動了反擊。

這也是老媽我必須寫這本書的其中一個理由。

在這之後的步驟，很難只靠靜心達到意識轉變，如果你只是想要達到讓心情稍微舒暢一些的效果，我很推薦你正念靜心，靜心很舒服。

不過，你若是想要切換思考的大腦神經迴路，讓現狀產生巨大的變化，無疑會有點辛苦，這就是左腦的反擊。老媽我覺得應該有很多人沒有察覺到左腦君的反擊，才會即使有了不錯的進展，卻還是一再經歷思考的回歸，無法到達轉化的境界。

左腦君是強敵

要說**左腦會發動什麼樣的反擊，那就是它會精準地攻擊你的弱點**。引發讓你情緒陰晴不定，不得不有所反應的事件。左腦很清楚你的弱點在哪兒。

舉例來說，如果讓你覺得自己是受害者，導致你慌亂不安的類型，某個攻擊你、口才比你厲害、會讓你感到沮喪的人將會登場，你很可能會哭到天亮，度過一個糟糕透頂的夜晚，變得想要找主管或夥伴、家人訴苦，哭著說出自己的窘境。

倘若是讓你產生攻擊性，情緒大起大落的類型，某個會用愚蠢或笨拙、幼稚方式鬧彆扭的人將會被帶來，這很可能會讓你認為自己必須糾正或大聲斥責對方，點燃導火線令你爆炸，心想「誰叫這傢伙是個蠢蛋，我一定要讓他搞清楚狀況！」

只是這些和之前的思考不同，有著異常的強制力。假如你在之前的步驟變得穩定許多，獲得了平靜的心情，這時會出現讓你感到非常不對勁的思考。

沒錯，這是左腦君最後的慘叫聲。正確來說，這是因為你做出選擇而沒有被使用，即將完蛋的思考迴路消逝前的慘叫聲。

老媽我在「某一天，思考突然消失了」的那天過後，其實發生了以下這樣的事。

原本應該已經開啟弱音模式的思考突然恢復原狀、瘋狂大鬧，我嚇了一大跳。

我記得後來演變成我忍不住停下正騎往公司上班途中的腳踏車，在半路下車告訴自己「等一下，這是怎麼回事？我必須冷靜下來搞清楚狀況」，而且這種事還發生了兩到三次。

因此，我想把它當作思考消失之後可能會發生的突發事件，先做說明。

察覺是第一步

首先，你必須注意到反擊正在進行。

左腦君在試圖讓你落入情緒化思考的圈套，只要察覺到它在那麼做之後，你就有辦法應付。先假設只要執行本書的步驟，這件事一定會在某個時間點發生。這樣預設可能會比較好，如果沒有發生，代表你很幸運。

這些反擊都有跡可循，它會攻擊弱點就是一個重要線索。所以，你必須事前掌握自己在人際關係中是屬於有哪一種弱點的類型。那些弱點就類似人際關係的習慣，請依此去思考當遇到符合你弱點的情境下會導致你失控的習性。

在此介紹幾個類型：受害者型、攻擊者型，還有颱風眼型、逃避型、暗示型等。

- **受害者型**：一旦自己變成受害者就會失控的類型。
- **攻擊者型**：一旦自己變成攻擊者就會失控的類型。

●**颱風眼型**：用言行舉止為周圍帶來騷亂，自己卻依然故我的死不認錯型，也有可能是領導者型或小丑型。

●**逃避型**：知道很多事情，也有自己的想法，卻不肯明確表現出來，利用逃走來讓人感到可惜的類型。想讓別人因為自己不在而困擾。

●**暗示型**：只會暗示自己知道很多事情，把事情都藏在心裡，屬於想要受到周圍的人關注的類型。想被人探究。

我想還有很多其他的類型，請回想你過去是遇到哪種情境後會失控的類型。不論是事後會令你後悔的騷擾方式，還是後續會讓你覺得難受的脫離方法等，都是擾亂人際關係的做法。

請記住些這些情境。

這麼做是為了讓你之後能夠察覺到「左腦君疑似在發動反擊」。

對左腦君下命令

要是你有察覺到左腦的反擊，人際關係的鬧劇卻還是上演，首先要做的事，就是停止思考的風暴。

左腦君會緊緊抓住你，寸步不離地持續用「怎麼辦，我必須想辦法才行，我該怎麼做才好，事情就要一發不可收拾了」的想法來煽動你。

請你先做幾次電梯呼吸法介入，可以的話請做個幾分鐘。

然後請**對著吵鬧的左腦君下達命令**。

「我知道了，請你閉嘴。你在頭腦裡面，待在身體中最高的地方，所以請你從那兒把愛降到全身的細胞去。」

像這樣要求左腦君念誦「我愛你、我愛你」，看著那些話有如雪花般降落到身體的內部。你在腦中也要禁止左腦君說出其他的話，你必須對左腦君下達禁令，假如它說出其他的話，你要讓它立刻回去做降下愛的工作。請一定要嚴格執行這件事。

老媽我試過各式各樣的方法，這是其中具有絕對效力的命令。

這時最重要的是不要陷入思考中，不要被思考牽著走，不要去想在你面對的狀況裡，怎麼做才是正確的。不要試圖解決那個狀況，也不要確認或加入討論。

「這是左腦君的反擊。」

像這樣堅定地做出辨認，你就不會被煽動人際問題的思考所迷惑。

這麼做還是會有因為情緒失控而感到痛苦的時候，所以我準備了電梯呼吸法的「加強版」。

電梯呼吸法「加強版」的做法

吸氣，讓電梯的地板往下降。

等地板抵達腹部的底端後，

憋氣，

讓電梯的地板往腹部底端彈三下！

砰！砰！砰！

電梯呼吸法 加強版

因爲思考失控而感到痛苦時的急救呼吸法

從嘴巴吐氣　　**從鼻子吸氣**

在電梯的地板抵達底端時憋住氣，讓地板用力地彈三下。

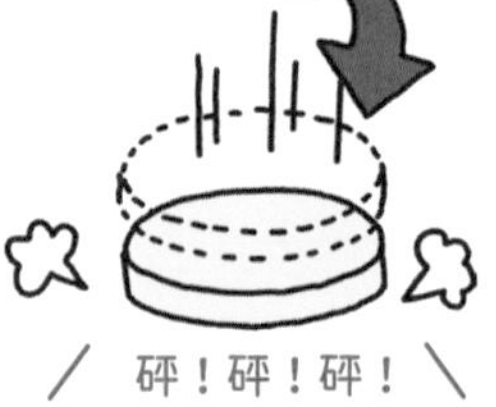

藉由對電梯的地板加上彈跳來使注意力更集中。

在那之後一邊正常地呼吸，一邊讓電梯的地板往上升。

創造嶄新的你

我希望你能夠理解，不論是受害者型，還是攻擊者型，或是其他類型，你本來就不需要否定它們。這次不過是左腦君利用了那些類型的弱點，這才是根本的問題。

換句話說，這意味著只要再忍耐一下，思考的大腦神經迴路就會切換，這時的關鍵在於不要陷入情緒化的思考中，這件事比讓外面發生的事情圓滿落幕還重要，請一定要堅持住。

此外，如果你感到痛苦，請把那些痛苦集中起來扔到腹部，腹部裡有本體君強韌的生命能源，會幫你分解掉。

電梯呼吸法在這時也能派上用場，它應該會讓意識變得更容易下降到腹部底端。

「生命君、本體君，請將這個痛苦的感受轉換成其他東西。我會把它放下，請讓我做出符合嶄新自我的行動。我相信你，先交給你處理了。」

做到這一步時，你就創造出了「嶄新的你」，這個型態將會永遠存在。因此作為證明，思考遲早會消失。你已經做出了選擇，大腦的神經迴路將會在時間差過去後進行切換。

我希望你記住一件事，那就是其實有很多思考消失的人。

思考消失可以說是一種返祖現象，它發生得非常自然，也有許多人在這樣的狀態下過生活。

美國也有研究員正在進行調查，透過問卷調查和訪談收集資料，甚至有統整了覺醒轉變者狀態的報告。

用返祖來形容是老媽我個人的實際感受。

思考突然太過受到重用，到了連身體與大腦的平衡都被打破的程度。再加上現在是資訊社會，原本應該自己發出聲音，並且為了發出聲音使用呼吸、腹肌、手、手臂、全身來互相溝通的我們，如今只需要用一根手指就能溝通。那些發明確實是優秀的文明利器，可是失衡卻表現在生活於此時的我們的肉體上，也就是說，我們過度思考了。身體的感受力減退，只有語言帶來的思考變得發達。

不僅如此，壓在「個人」上的重擔不斷地增加。「個人」是「稀釋後擴散到全身的意識焦點君」，其實沒有那麼強大。因為焦點君是在獲得本體君，以及左腦君、右腦君的幫助後，指向未來的存在。

然而事到如今，我們已經無法回到有毒昆蟲出沒的叢林了，就算有止癢膏也辦不到。

因此儘管只是一點改變，我們每一個人都要在自己的內在與腹部取得連結。

收起變得過多的思考，接觸體內的生命能量，為心靈充電。

體會到真實地活著的感受。

覺得困擾時就向腹部求助。

然後，要是可以，希望你也能看到在本體君的另一邊所展開，比宇宙還更加浩瀚的意識世界。希望你能夠體驗到你是多麼受到寵愛、多麼被珍惜、多麼受到信任。

我懷著這個願望，寫下了本書。期望它能夠對你有所幫助。

下一章作為本書的附錄，我將帶著滿滿的愛，介紹使用意識焦點君的箭頭實現夢想的方法給所有的讀者們。

「讓我們指向幸福的未來吧——！」

第 10 章

活用篇

實現願望的焦點連結法

所以，
你要許下願望！

活用篇

實現願望的焦點連結法

各位意識焦點君們，你們準備好了嗎？
讓我來介紹作為我等力量的箭頭，還有焦點的連結法吧。
這是能夠實現夢想的「吸引力」大法。

對象是生命君。
所以會有容易實現的願望，
以及不容易實現的願望。

首先關於願望的部分，傷害某人或想讓某人不幸的願望不會實現。

原因在於生命君是「一個巨大的意識體」且萬物互相連結，所以傷害自己以外的人，也等同於傷害自己，就跟食指想要傷害中指一樣。

此外，想要體驗願望的人是你，意思就是請許下你希望實現的願望。假如你許願想要給自己以外的人一間大房子，實現的結果說不定是你會因為龐大稅金而破產。

請先實現你自己的願望，比方自己想要的東西、想體驗的事物、想學會的技術等。

請不要挑選現在得到會令你苦惱的東西，就算獲得汽車或重機，沒有停車位也只是徒增煩惱。許願時請選擇現在馬上實現也不會讓你傷腦筋的願望。如果你想獲得汽車或重機，請先搞定停車位，以免徒增自己的困擾。

想得到可以拿來炫耀的東西這種願望也不好，從生命君的觀點來看，想要讓別人產生羨慕的心情，等同於想要從對方身上搶走能量。

自己真心想獲得、想成為、想體驗，與其他任何人都無關的，這類的願望會比較好。

第一步是要巧妙地轉達給右腦

意識焦點君挑選出來的願望會被吸收進你的意識內部，然後右腦君會接收到。

右腦君幾乎沒有辦法用語言進行溝通。

所以你要換成用圖像來轉達，老媽我也試了很多方法，但影片的效果似乎不太好，**靜態圖片或照片的效果最好**。

我推薦的方法是在手機或平板等，你常放在身邊的工具裡，建立一個收集渴望事物的相簿。

收集這些圖片非常有趣，因此老媽我很喜歡這個環節，經常在搜尋某樣東西的圖片。

這裡有件需要注意的事，請你篩選出渴望的事物。要是你在挑選的時候，不是因為想要，而是喜歡那張圖片的氣氛，右腦君會陷入混亂。

你只需要收集想得到，或是想實現事物的圖片即可。讓我們單獨剪裁下想要的部分，巧妙的收集吧。

定時查看

你要讓自己每天在固定的時間觀看收集了那些圖片的相簿。

老媽我早上都會提早一小時起床，預留時間把想要的事物轉達給右腦君。

我會在觀看的同時在心裡想著「啊～好棒喔」「好喜歡喔～」「要是家裡有這個，我會很高興吧～」。

在觀看收集來的圖片以外的時間，我會忘掉這件事，這樣似乎會比較好。

我也很常在晚上睡覺前看。

注意到實現前的徵兆

最常見的模式就是「你現在雖然沒辦法買，卻在商店的櫥窗看到實物。」

這時不可以失望的覺得「我沒辦法買。」

這是右腦君在問你「你想要的是這個嗎？」所以你要感到高興，請拍手並說出「沒錯！就是這個！」

另一個常見的模式是突然想起家裡有的東西，那或許完全不是你想要的，但你在找那個東西時，可能會找到其他想要的東西。

當你靈光一閃想到某件事，即使只是腦中閃過，只要你在那個瞬間有聯想到渴望事物的相簿，那就是一種徵兆，請你一定要動起來，就算不知道兩者間有什麼關聯，也要去執行想到的事。

接受突然冒出的想法並採取行動，會成為你傳給右腦君的訊息，也就是「沒錯，我想要這個，請教教我，我要得到它。」的訊息。

你會幫不聽你說話、不給你任何反應的人實現願望嗎？

你會幫助那些自己不願意採取行動，卻只想著想要的東西被直接送到面前的人實現願望嗎？

假如你有真心想要的東西，現在就立刻把它變成想要實現的願望吧！然後也請你要對所有的靈光乍現做出反應。

「聚焦的事物會增加」的法則

還有另一個方法是聚焦，做法就如同字面上的意思。請盡可能地只關注進行得順利的事，為自己人生中的好事而開心並讚揚它。

我們雖然有很多想要實現的願望，但不要讓日常生活充斥著不滿，要是聚焦在不滿上，不滿將會增加。我說的是真的，沒有騙你！

意識焦點君的力量可是很厲害的喔，我就是在說我們。不是有一個實驗是用放大鏡聚集太陽的光線燃燒東西嗎？就和那個實驗一樣，**焦點所在之處的力量非常強大**。

所以要讓焦點聚焦在哪兒，就是意識焦點君大顯身手的時候。要讓人生被痛苦的匱乏感填滿，還是被愉快的滿足感填滿，全是焦點君的選擇。

生意興隆小姐！

這雖然是個笑話，但老媽我出生在商人世家，所以自稱「生意興隆小姐」，我對外都是這樣宣稱。

我為什麼會這麼說呢，要是在購物商場之類的地方隨便逛進一家店，裡面只有自己一位客人，有時會被店員當成目標不是嗎？

哎啊，真傷腦筋，不知道會不會有其他人也逛進這家店？現場變成了好像一定要買東西才能離開的氣氛。

這種時候，老媽我都會把注意力集中到這家店的優點，開始在心中瘋狂地誇獎它。天啊，怎麼會有這麼多精美的商品啊，品味真好，好棒的店喔，生意興隆、生意興隆。

緊接著，客人就會漸漸地聚集過來。我說的是真的，家人都很傻眼，甚至稱我為「天生的超強暗樁」。

原本只有老媽我一個人的店裡，之後最少來了五組客人，變得很熱鬧，店員也忙著四處奔走。我看準不再被當成目標的空檔，沒有買東西就離開店裡。抱歉，我只是想看看而已。

當你意識到焦點，學會聚焦的技術後，可以做到很多事情。既然要增加，你不覺得會想讓好的或美妙的事物變多嗎？

我總覺得各位若能**注意到自己是意識焦點君，並且聚焦在好的方面上，世界就會在轉眼之間變好**。

不好意思啊，老媽我的想法很天真。嘿嘿。

那麼，各位意識焦點君，希望你們的願望都能夠實現。

真的很謝謝你們看到這裡。

結語 聽見幸福的歌聲

我腦中的聲音消失了六年多，過去塞滿悲觀的喃喃自語的那個地方，如今已經成了有如晴朗藍天般的空間。那是一個寬廣且透明的寧靜空間。我們的這些意識平時都在胸口附近飄蕩，但偶爾也會想在那個寬敞的空間裡跳舞。

你現在說不定也被左腦說出的話語所環繞，不過你其實有能力讓它停止。一旦大聲傳來的那些話語消失，身體的細胞也會在那之後唱起歌來，你將可以聽見幸福的歌聲，那是活著的喜悅之歌，相信你一定也會開始想要跳舞。

我想要讓你知道有這樣悠哉又幸福的生活方式，所以寫了這本書。即使是在這一刻，也有許多的無意識組成團隊，活出「你」來。

只要你願意側耳聆聽，愉快的功能意識們將會回應你——愛著你並引導你的右腦君、為了讓你在人類社會生存下來而管理你的左腦君、讓你知道你與所有的生命連結的本體君、用地球的視角從後方注視著你的生命君。他們都是「你」的一分子。

老媽我希望團隊「你」能夠同心協力，讓你在人生路上輕快地前行。

非常感謝你閱讀本書。

Eurasian Publishing Group 圓神出版事業機構 用心與你對話・視野無限寬廣 如何出版社 Solutions Publishing
www.booklife.com.tw reader@mail.eurasian.com.tw
Happy Learning 211

右腦覺醒：5步驟轉化，啟動幸福美好

作　者／Nedo Jun
譯　者／陳靖涵
發行人／簡志忠
出版者／如何出版社有限公司
地　址／臺北市南京東路四段50號6樓之1
電　話／（02）2579-6600・2579-8800・2570-3939
傳　真／（02）2579-0338・2577-3220・2570-3636
副社長／陳秋月
副總編輯／賴良珠
責任編輯／張雅慧
校　對／張雅慧・賴良珠
美術編輯／蔡惠如
行銷企畫／陳禹伶・朱智琳
印務統籌／劉鳳剛・高榮祥
監　印／高榮祥
排　版／陳采淇
經銷商／叩應股份有限公司
郵撥帳號／18707239
法律顧問／圓神出版事業機構法律顧問　蕭雄淋律師
印　刷／國碩印前科技股份有限公司
2024年3月　初版
2024年9月　3刷

定價350元　ISBN 978-986-136-686-9

國家圖書館出版品預行編目資料

右腦覺醒——5 步驟轉化，啟動幸福美好／Nedo Jun 著；
陳靖涵 譯.
-- 初版. -- 臺北市：如何出版社有限公司，2024.03
176 面；14.8×20.8 公分. --（Happy Learning；211）
譯自：Sanousan unousan.
ISBN 978-986-136-686-9（平裝）

1. CST：意識　2. CST：自我實現　3. CST：思維方法

176.4　　113000540